Winterliches Laubsägen

Die Tage werden kürzer und die langen Abende laden ein, sich kreativ zu betätigen.

Wie man auf vielen Weihnachtsmärkten sehen kann, erfreut sich Holz immer größerer Beliebtheit.

Die Modelle in diesem Buch lassen zusammen mit Plätzchenduft und Kerzenschein die richtige weihnachtliche Stimmung aufkommen. Fensterbilder sorgen sowohl drinnen, als auch draußen für stimmungsvolle Atmosphäre. Und auch für die lange Winterzeit finden Sie Motive, die leicht nachzuarbeiten sind.

Viele kreative Stunden und eine besinnliche Adventszeit

wünscht Ihnen

Andrea Hochstrat

GRUNDAUSSTATTUNG
Diese Materialien und Hilfsmittel werden bei fast allen Werkarbeiten benötigt. Sie sollten sie zur Hand haben, denn sie werden in den einzelnen Materiallisten nicht aufgeführt.

- Bleistift, Bleistiftanspitzer
- Lineal, Dreieck, Zollstock
- Kohlepapier
- Kreppklebeband
- Dekupier- oder Laubsäge mit Sägeblatt Nr. 3 oder Nr. 5
- Akkubohrschrauber
- Schleifpapier, 100er und 240er Körnung
- Holzleim oder Express-Holzleim, z. B. UHU

Hinweise: Mit „Rest" ist ein Stück gemeint, das maximal A5 groß ist.

Die angegebenen Holzgrößen sind Mindestmaße. Je größer das Holzstück ist, desto besser kann es beim Sägen festgehalten werden.

Mehrteilige Motivteile werden mit Holzleim zusammengefügt. Den Leim dünn auf ein Teil aufstreichen und die Holzteile zusammendrücken. Über Nacht trocknen lassen.

Materialkunde

Im Buch wird durchweg Pappelsperrholz verwendet, das in unterschiedlichen Stärken erhältlich ist. Es hat nahezu keine Maserung, wenige Astlöcher und ist annähernd weiß, so dass die Wirkung der filigranen Motive nicht gestört wird. Außerdem lässt sich Pappelsperrholz sehr leicht sägen. Das Sperrholz ist im Bau- und Heimwerkermarkt in jedem gewünschten Zuschnitt erhältlich.

Tipp: Begutachten Sie das Holz vor dem Zuschnitt auch immer von der Rückseite, um auszuschließen, dass diese minderwertig oder mit Astlöchern versehen ist.

So wird's gemacht

Motiv übertragen

Das Motiv mit Kohlepapier auf das Holz übertragen. Dafür das Kohlepapier mit der beschichteten Seite nach unten auf das Holz legen und die Vorlage darüber platzieren. Mit Kreppklebeband fixieren, damit nichts verrutscht. Dann die Linien mit einem harten Bleistift oder Kugelschreiber nachzeichnen. Damit nichts vergessen wird, an einer Ecke beginnen und systematisch nach unten arbeiten.

Tipp: Achten Sie beim Übertragen von mehrteiligen Motivvorlagen darauf, in welche Richtung die Holzmaserung verläuft. Sie sollten bei allen Motivteilen in die gleiche Richtung verlaufen.

Wenn Sie ein Motivteil häufiger benötigen, können Sie sich auch eine Schablone aus festem Karton dafür anfertigen.

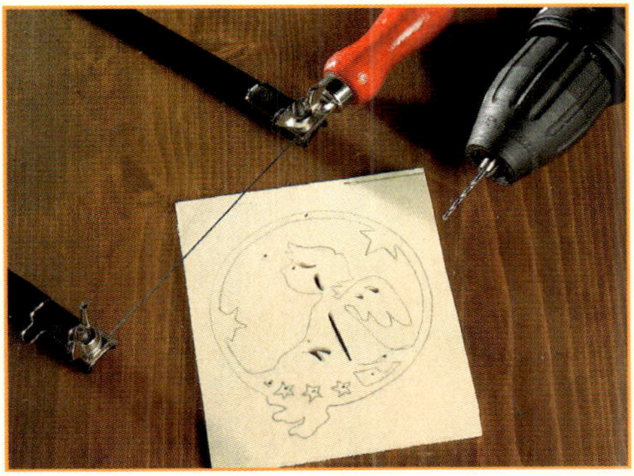

Sägen und bohren

Am schnellsten gehen die Sägearbeiten mit einer elektrischen Dekupiersäge. Zunächst das Motiv grob aussägen. Um die Innenflächen herauszusägen – diese können mit einem Kreuz oder einer Schraffur markiert werden – ein Loch in die entsprechende Fläche bohren. Das Sägeblatt auf einer Seite lösen, durch das Bohrloch stecken und wieder verspannen. Dann die Innenfläche heraussägen. So fortfahren, bis alle Innenflächen herausgesägt sind. Erst dann werden die Umrisse des Motivs gesägt, sonst ist das Motiv während des Arbeitens zu instabil.

Bei Motiven, die aufgehängt werden, die Löcher für die Aufhängung vor dem Schleifen bohren.

Tipps: Je dünner das Sperrholz ist, desto leichter bricht es beim Sägen. Ungeübte sollten deshalb diese sehr filigranen Motive aus stärkerem Holz, mindestens 6 mm stark, arbeiten.

Legen Sie beim Bohren von Löchern immer ein Reststückchen unter die Bohrstelle und drücken Sie das Holz fest auf den Untergrund. So fransen die Ränder auf der Rückseite nicht aus. Holzkanten fransen beim Sägen weniger aus, wenn Sie das Werkstück auf ein gleich großes Stück Graupappe legen und zusammen damit aussägen.

Kanten schleifen

Unebenheiten zunächst mit grobem Schleifpapier (100er Körnung) korrigieren. Danach die Schnittkanten vorsichtig mit 240er Schleifpapier nacharbeiten. Beim Schleifen darauf achten, dass die Kanten nicht zu stark abgerundet werden, vor allem, wenn zwei Motivteile aneinander geleimt werden sollen.

Apfel, Nuss und Mandelkern

→ adventliches Triptychon

1 Die Motivteile wie in der Grundanleitung auf Seite 2/3 beschrieben auf das Sperrholz übertragen und in die auszusägenden Flächen – sie sind mit Kreuzen markiert – Löcher bohren.

2 Die einzelnen Motivteile grob aussägen und dann die Innenflächen heraussägen. Mit den Flächen in der Mitte beginnen und nach außen fortfahren.

3 Alle Kanten mit Schleifpapier nacharbeiten, vor allem an den Verbindungsstellen aber darauf achten, dass die Kanten nicht abgerundet werden.

4 Nun das Triptychon mit Scharnieren zusammensetzen, diese ca. 2 cm vom Rand entfernt mit Kraftkleber an den Holzteilen fixieren.

MOTIVHÖHE
ca. 18 cm

MATERIAL
- Pappelsperrholz, 4 mm stark, 30 cm x 40 cm
- 4 Scharniere, 2,4 cm x 1,6 cm
- Bohrer, ø 1,5 mm (Löcher für Innenschnitte)
- Kraftkleber

VORLAGENBOGEN 1A

Frohes Fest

→ weihnachtlicher Gruß

MOTIVHÖHE
ca. 18 cm

MATERIAL
- Pappelsperrholz, 6 mm stark, 20 cm x 29 cm
- Bohrer, ø 1,5 mm (Löcher für Innenschnitte) und 1 mm (Loch für Aufhängefaden)
- Nylonfaden zum Aufhängen

VORLAGENBOGEN 1 A

1 Die Motivteile wie in der Grundanleitung auf Seite 2/3 beschrieben auf das Sperrholz übertragen und in die auszusägenden Flächen – sie sind mit Kreuzen markiert – Löcher bohren.

2 Das Motiv grob aussägen und dann die Innenflächen heraussägen. Mit den kleineren Innenausschnitten beginnen. Erst dann die größeren Innenflächen und zum Schluss den Umriss sägen.

3 Alle Kanten mit Schleifpapier nacharbeiten. Sehr vorsichtig arbeiten, sonst kann der dünne Kreisring abbrechen. Zuletzt einen Aufhängefaden anbinden.

Engelchen-Trio

→ niedliche Baumhänger

MOTIVHÖHE
ca. 9 cm

MATERIAL
- Pappelsperrholzreste, 4 mm stark
- Bohrer, ø 1,5 mm (Löcher für Innenschnitte) und 1 mm (Löcher für Aufhängung)
- Nylonfaden zum Aufhängen

VORLAGENBOGEN 3A

1 Die Motivteile wie in der Grundanleitung auf Seite 2/3 beschrieben auf das Sperrholz übertragen und in die auszusägenden Flächen – sie sind mit Kreuzen markiert – Löcher bohren. Für lange schmale Innenschnitte an beiden Enden ein Loch bohren, später dann die Fläche dazwischen heraussägen. Auch für die Aufhängung kleine Löcher (ø 1 mm) bohren.

2 Das Motiv grob aussägen und dann die Innenflächen heraussägen. Mit den Innenkonturen des Engels beginnen und erst dann das Kreisinnere heraussägen. Zuletzt die Außenkontur sägen.

3 Alle Kanten mit Schleifpapier nacharbeiten. Sehr vorsichtig arbeiten, sonst kann der dünne Kreisring leicht brechen. Zuletzt den Aufhängefaden durchziehen.

Winterlicht

→ verbreitet heimelige Stimmung

MOTIVHÖHE
ca. 25 cm

MATERIAL

- Pappelsperrholz, 4 mm stark, 50 cm x 60 cm
- Bohrer, ø 1,5 mm (Löcher für Innenschnitte)
- 4 Rundstabstücke, ø 2,4 cm, 1,5 cm lang
- Zirkel
- Schublade

VORLAGENBOGEN 1 B + 4 A

1 Für die Lampe werden je zwei 16 cm x 22 cm und 15,2 cm x 22 cm große rechteckige sowie zwei 16 cm x 16 cm große viereckige Holzplatten benötigt. Diese zuerst zuschneiden (oder gleich im Baumarkt fertig zuschneiden lassen).

2 Dann die Winterszenen wie in der Grundanleitung auf Seite 2/3 beschrieben auf die rechteckigen Sperrholzplatten übertragen und in die auszusägenden Flächen – sie sind mit Kreuzen markiert – Löcher bohren. Auf ein viereckiges Holzstück mit dem Zirkel einen Kreis (ø 12,5 cm) zeichnen.

3 Nun die Innenflächen aussägen. Oben anfangen und Fläche für Fläche bis unten aussägen. Auch aus einem viereckigen Holzstück den Kreisausschnitt heraussägen.

4 Alle Kanten mit Schleifpapier nacharbeiten und darauf achten, dass die Kanten nicht rund geschliffen werden.

5 Die Laterne mit Holzleim zusammenkleben. Zuerst jeweils zwei Seitenteile aufeinander leimen – die kurzen Seitenteile werden zwischen die langen geleimt – und in eine Schublade stellen. So ist gewährleistet, dass sich die Holzteile im rechten Winkel befinden. Gut trocknen lassen.

6 Danach die vier Seiten auf die Bodenplatte leimen und zum Schluss die Platte mit dem ausgesägten Kreis aufleimen. Alle Kanten nochmals gründlich schmirgeln.

7 Zuletzt die Füße ca. 8 mm vom Rand entfernt unter die Lampe kleben. Die Rundholzstücke können mit Schleifpapier vorher etwas abgerundet werden.

Motivvariante: Die Lampe kann auf allen Seiten mit dem gleichen Motiv gestaltet werden oder aber Sie wählen vier unterschiedliche Winterszenen aus.

Im Winter

→ ein nettes Pärchen

1 Die Motivteile wie in der Grundanleitung auf Seite 2/3 beschrieben auf das Sperrholz übertragen und in die auszusägenden Flächen – sie sind mit Kreuzen markiert – Löcher bohren. Auch für die Augen die Löcher bohren. In die Schneekristalle nur an einem Ende ein Loch bohren.

2 Die Außenkontur des Motivs sägen, durch den breiten Rand ist es immer noch stabil genug beim Aussägen der Innenflächen. Dann die Innenflächen von der Mitte nach außen heraussägen. Für die Schneemannnasen die Säge nur entlang der vorgezeichneten Linie führen und dann wieder aus dem Holz ziehen. Zuletzt die Schneeflocken aussägen.

3 Alle Kanten mit Schleifpapier nacharbeiten. An sehr schmalen Stellen das Schleifpapier flach zusammenfalten, bei kleinen Rundungen eng aufrollen.

4 Zuletzt den Aufhängefaden durchziehen.

Tipp: Wenn Sie die Schneekristalle vorsichtig heraussägen, können Sie sie später als Streudeko auf dem Tisch verteilen oder zu langen Ketten untereinander auffädeln und aufhängen.

MOTIVHÖHE
ca. 20 cm

MATERIAL
- Pappelsperrholz, 4 mm stark, 22 cm x 22 cm
- Nylonfaden zum Aufhängen
- Bohrer, ø 1,5 mm (Löcher für Innenschnitte und Augen)

VORLAGENBOGEN 1A

Im Erzgebirge

→ schön traditionell

1 Die Grundplatte und die Teelichthalter aus 6 mm starkem Holz zusägen. Für die Teelichthalter mit dem Zirkel einen 6 cm großen Ring mit einer 4 cm großen Mitte aufzeichnen. Mit dem Forstnerbohrer die Mitte entfernen und danach den Außenkreis aussägen.

2 Nun den Lichterbogen wie in der Grundanleitung beschrieben auf 4 mm starkes Sperrholz übertragen und in die auszusägenden Flächen – sie sind mit Kreuzen markiert – Löcher bohren. Die große Tanne, die vier rechten Seitenstücke und den Kometen auf 4 mm starkes Holz übertragen.

3 Die Motivteile aussägen, beim Lichterbogen von innen nach außen arbeiten. Mit den kleinen Innenausschnitten in der Kleidung beginnen. Außerdem 15 kleine Holzstückchen (ca. 1 cm x 1 cm) als Abstandshalter aus dünnem Holz zusägen.

4 Alle Kanten mit Schleifpapier nacharbeiten, vor allem an den Verbindungsstellen aber darauf achten, dass die Kanten nicht rund geschliffen werden.

5 Nun den Lichterbogen zusammensetzen: Zuerst die einzeln ausgesägten Motivteile laut Abbildung mit den kleinen Holzstückchen (jeweils zwei Holzstückchen unten und eines oben) als Abstandshalter auf den Motivbogen leimen. Auf einen geraden Abschluss an der Unterkante achten.

6 Dann das Motivteil auf der Bodenplatte befestigen und die Teelichthalter aufkleben. Die große Tanne ebenfalls mit drei Abstandsholzstückchen aufleimen (rechts, links und oben).

MOTIVHÖHE
ca. 22 cm

MATERIAL

- Pappelsperrholz, 4 mm stark, 36 cm x 50 cm
- Pappelsperrholz, 6 mm stark, 36 cm x 18 cm (Bodenplatte und Teelichtteller)
- Bohrer, ø 1,5 mm (Löcher für Innenschnitte) und 3 mm (Knopflöcher)
- Forstnerbohrer, ø 4 cm
- Zirkel

VORLAGENBOGEN 2A

Heilige Nacht

→ anmutige Krippenszene

1 Das Motiv wie in der Grundanleitung auf Seite 2/3 beschrieben auf Sperrholz übertragen und in die auszusägenden Flächen – sie sind mit Kreuzen markiert – Löcher bohren.

2 Nun die Innenflächen von der Mitte nach außen heraussägen. Erst danach den Umriss sägen.

3 Alle Kanten mit Schleifpapier nacharbeiten. An sehr schmalen Stellen das Schleifpapier flach zusammenfalten, bei kleinen Rundungen eng aufrollen.

4 Zuletzt den Aufhängefaden anbringen.

MOTIVHÖHE
ca. 21 cm

MATERIAL
- Pappelsperrholz, 4 mm stark, 23 cm x 29 cm
- Bohrer, ø 1,5 mm (Löcher für Innenschnitte) und 1 mm (Loch für Aufhängefaden)
- Nylonfaden zum Aufhängen

VORLAGENBOGEN 3A

Wintersport

→ Bub beim Rodeln

1 Die Motivteile wie in der Grundanleitung auf Seite 2/3 beschrieben auf Sperrholz übertragen und in die auszusägenden Flächen – sie sind mit Kreuzen markiert – Löcher bohren. Auch für die Augen und die Aufhängung die Löcher bohren.

2 Nun die Innenflächen von der Mitte nach außen heraussägen. Für die Gesichtskontur des Buben die Säge von einem gebohrten Loch aus entlang der vorgezeichneten Linie führen und dann wieder aus dem Holz ziehen. Auch die Schneeflocken vorsichtig aussägen.

3 Alle Kanten mit Schleifpapier nacharbeiten. An sehr schmalen Stellen das Schleifpapier flach zusammenfalten, bei kleinen Rundungen eng aufrollen.

4 Die Schneeflocken aufkleben und den Aufhängefaden anbringen.

MOTIVHÖHE
ca. 17 cm

MATERIAL
- Pappelsperrholz, 4 mm stark, 20 cm x 18 cm
- Nylonfaden zum Aufhängen
- Bohrer, ø 1 mm (Loch für Aufhängefaden) und 1,5 mm (Löcher für Innenschnitte und Augen)

VORLAGENBOGEN 2 A

TOPP

Die NEUEN zum Fest

Weihnachts-Neuerscheinungen 2005

ISBN 3-7724-3415-0
TOPP 3415 / € (D) 8,90

ISBN 3-7724-3416-9
TOPP 3416 / € (D) 7,50

ISBN 3-7724-3417-7
TOPP 3417 / € (D) 7,50

ISBN 3-7724-3418-5
TOPP 3418 / € (D) 9,90

ISBN 3-7724-3419-3
TOPP 3419 / € (D) 7,50

ISBN 3-7724-3420-7
TOPP 3420 / € (D) 7,50

ISBN 3-7724-3421-5
TOPP 3421 / € (D) 7,50

ISBN 3-7724-3422-3
TOPP 3422 / € (D) 7,50

ISBN 3-7724-3423-1
TOPP 3423 / € (D) 7,50

ISBN 3-7724-3424-X
TOPP 3424 / € (D) 7,50

ISBN 3-7724-3425-8
TOPP 3425 / € (D) 7,50

ISBN 3-7724-3426-6
TOPP 3426 / € (D) 7,50

Frohe Weihnachten

Dieser Stickerbogen ist eine Sonderedition im Jubiläumsjahr für Ihre Weihnachtspost mit Motiven aus den TOPP-Weihnachtsneuerscheinungen.

aus TOPP 3412

aus TOPP 3420

aus TOPP 3409

aus TOPP 3421

aus TOPP 3409

aus TOPP 3410

aus TOPP 3410

aus TOPP 3421

aus TOPP 5235

aus TOPP 3425

aus TOPP 3422

TOPP

Frohe Weihnachten

Dieser Stickerbogen ist eine Sonderedition im Jubiläumsjahr für Ihre Weihnachtspost mit Motiven aus den TOPP-Weihnachts-neuerscheinungen.

aus TOPP 3416

aus TOPP 3414

aus TOPP 3424

aus TOPP 3410

aus TOPP 5235

aus TOPP 3420

aus TOPP 3431

aus TOPP 5234

aus TOPP 5231

aus TOPP 5232

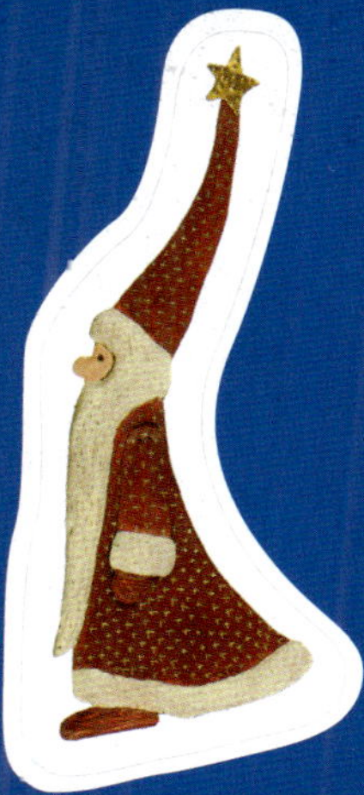

aus TOPP 3423

aus TOPP 3414

TOPP

Die NEUEN zum Fest

Weihnachts-Neuerscheinungen 2005

ISBN 3-7724-5234-5
TOPP 5234 / € (D) 12,90

ISBN 3-7724-5235-3
TOPP 5235 / € (D) 12,90

ISBN 3-7724-5236-3
TOPP 5236 / € (D) 12,90

ISBN 3-7724-5231-0
TOPP 5231 / € (D) 12,90

ISBN 3-7724-5232-9
TOPP 5232 / € (D) 9,90

ISBN 3-7724-5233-7
TOPP 5233 / € (D) 12,90

ISBN 3-7724-3409-6
TOPP 3409 / € (D) 7,50

ISBN 3-7724-3410-X
TOPP 3410 / € (D) 6,90

ISBN 3-7724-3411-8
TOPP 3411 / € (D) 6,90

ISBN 3-7724-3412-6
TOPP 3412 / € (D) 7,50

ISBN 3-7724-3413-4
TOPP 3413 / € (D) 7,50

ISBN 3-7724-3414-2
TOPP 3414 / € (D) 7,50

Nussknacker

→ im schönen Erzgebirge-Stil

MOTIVHÖHE
ca. 24 cm

MATERIAL
- Pappelsperrholz, 6 mm stark, 25 cm x 10 cm
- Bohrer, ø 1 mm (Loch für Aufhängefaden), 1,5 mm (Löcher für Innenschnitte) und 4 mm (Knopflöcher)
- Nylonfaden zum Aufhängen

VORLAGENBOGEN 3A

1 Das Motiv wie in der Grundanleitung auf Seite 2/3 beschrieben auf Sperrholz übertragen und in die auszusägenden Flächen – sie sind mit Kreuzen markiert – Löcher bohren. Auch das Loch für den Aufhängefaden bohren.

2 Nun die Innenflächen von der Mitte nach außen heraussägen. Erst danach den Umriss sägen.

3 Alle Kanten mit Schleifpapier vorsichtig nacharbeiten. An sehr schmalen Stellen das Schleifpapier flach zusammenfalten, bei kleinen Rundungen eng aufrollen.

4 Zuletzt den Aufhängefaden anbringen.

Lichterbogen

→ Wintertiere unter sich

MOTIVGRÖSSE
ca. 30 cm

MATERIAL

- Pappelsperrholz, 4 mm stark, 40 cm x 55 cm (Motivbogen)
- Pappelsperrholz, 6 mm stark, 11 cm x 14 cm (Füße)
- Pappelsperrholz, 8 mm stark, 14 cm x 21 cm (Kerzenteller)
- Holzleiste, 1,8 cm x 1,5 cm x 45 cm (zum Verbinden der Motivbögen)
- Bohrer, ø 1,5 mm (Löcher für Innenschnitte und Augen)
- Forstnerbohrer, ø 4 cm
- Zirkel

VORLAGENBOGEN
3 B

1 Den Motivbogen wie in der Grundanleitung auf Seite 2/3 beschrieben zweimal auf Sperrholz übertragen und in die auszusägenden Flächen – sie sind mit Kreuzen markiert – Löcher bohren. Auch die Löcher für die Augen bohren. Außerdem die Füße (6 mm starkes Sperrholz) und mit dem Zirkel fünf Holzkreise als Teelichthalter (ø 6 cm, 8 mm starkes Sperrholz) aufzeichnen.

2 Nun bei dem Motivbogen die Innenflächen von der Mitte nach außen heraussägen. Erst danach den Umriss sägen. Auch die Füße aussägen. Mit dem Forstnerbohrer die Holzscheiben für die Kerzenteller ca. 4 mm tief bohren und dann die Außenkreise (ø 6 cm) aussägen.

3 Alle Kanten mit Schleifpapier vorsichtig nacharbeiten. An sehr schmalen Stellen das Schleifpapier flach zusammenfalten, bei kleinen Rundungen eng aufrollen.

4 Die beiden Motivbögen an die Holzleiste (1,8 cm Abstand) leimen. Um den Bogen zu stabilisieren, fünf Holzklötzchen (1,8 cm x 1 cm x 1 cm) zwischen die Bögen leimen, darauf können später die Teelichtteller besser befestigt werden.

5 Nach dem Trocknen die Kerzenteller fixieren und die Füße anstecken.

Leuchte, guter Mond, leuchte...

→ schön verträumt

MOTIVHÖHE
ca. 20 cm

MATERIAL
- Pappelsperrholz, 4 mm stark, 21 cm x 21 cm
- Bohrer, ø 1,5 mm (Löcher für Innenschnitte) und 1 mm (Loch für Aufhängefaden)
- Nylonfaden zum Aufhängen

VORLAGEN-BOGEN 2B

1 Das Motiv wie in der Grundanleitung auf Seite 2/3 beschrieben auf Sperrholz übertragen und in die auszusägenden Flächen – sie sind mit Kreuzen markiert – Löcher bohren. Auch die Löcher für den Aufhängefaden und die Augen bohren.

2 Nun die Innenflächen von der Mitte nach außen heraussägen. Erst danach den Umriss sägen.

3 Alle Kanten mit Schleifpapier vorsichtig nacharbeiten. An sehr schmalen Stellen das Schleifpapier flach zusammenfalten, bei kleinen Rundungen eng aufrollen.

4 Zuletzt den Aufhängefaden anbringen.

Kreativ mit Schnee

→ so macht Winter Spaß

MOTIVHÖHE
ca. 20 cm

MATERIAL
- Pappelsperrholz, 4 mm stark, 22 cm x 22 cm
- Bohrer, ø 1,5 mm (Löcher für Innenschnitte und Augen)
- Nylonfaden zum Aufhängen

VORLAGEN-BOGEN 3A

1 Das Motiv wie in der Grundanleitung auf Seite 2/3 beschrieben auf Sperrholz übertragen und in die auszusägenden Flächen – sie sind mit Kreuzen markiert – Löcher bohren. Auch für die Augen die Löcher bohren.

2 Nun die Innenflächen von der Mitte nach außen heraussägen. Für die Schneemannnase das Sägeblatt von einem gebohrten Innenausschnitt aus nur entlang der vorgezeichneten Linie führen und dann wieder aus dem Holz ziehen.

3 Alle Kanten mit Schleifpapier nacharbeiten. An sehr schmalen Stellen das Schleifpapier flach zusammenfalten, bei kleinen Rundungen eng aufrollen.

4 Zuletzt den Aufhängefaden anbringen.

Lucia-Bogen

→ verbreitet festliche Stimmung

MOTIVHÖHE
ca. 25 cm

MATERIAL
- Pappelsperrholz, 6 mm stark, 30 cm x 43 cm
- Bohrer, ø 1,5 mm (Löcher für Innenschnitte und Augen)
- Forstnerbohrer, ø 4 cm

VORLAGEN-BOGEN 4A

1 Die Motivteile wie in der Grundanleitung auf Seite 2/3 beschrieben auf Sperrholz übertragen und in die auszusägenden Flächen – sie sind mit Kreuzen markiert – Löcher bohren. Auch das Loch für das Auge bohren.

2 Nun die Innenflächen von der Mitte nach außen heraussägen. Die kleinsten Innenausschnitte zuerst aussägen. Mit der Außenkontur abschließen.

3 Alle Kanten mit Schleifpapier nacharbeiten. An sehr schmalen Stellen das Schleifpapier flach zusammenfalten, bei kleinen Rundungen eng aufrollen.

4 Dann den Motivbogen hinter die Bodenplatte leimen. Um den rechten Winkel genau auszurichten, die Arbeit in eine Schublade stellen, anlehnen und trocknen lassen. Mit dem Forstnerbohrer die Mitte des Sterns entfernen, den Stern schmirgeln und aufkleben. Nach gründlichem Trocknen den Stern mit ausgesägter Mitte als Teelichthalter aufsetzen.

Engelchen und Reh

→ romantisch

MOTIVHÖHE
ca. 19 cm

MATERIAL

- Pappelsperrholz, 4 mm stark, 21 cm x 22 cm
- Bohrer, ø 1,5 mm (Löcher für Innenschnitte) und 1 mm (Loch für Aufhängefaden)
- Nylonfaden zum Aufhängen

VORLAGENBOGEN 4B

1 Das Motiv wie in der Grundanleitung auf Seite 2/3 beschrieben auf Sperrholz übertragen und in die auszusägenden Flächen – sie sind mit Kreuzen markiert – Löcher bohren. Auch das Loch für den Aufhängefaden bohren.

2 Nun die Innenflächen von der Mitte nach außen heraussägen. Erst danach den Umriss sägen.

3 Alle Kanten mit Schleifpapier vorsichtig nacharbeiten. An sehr schmalen Stellen das Schleifpapier flach zusammenfalten, bei kleinen Rundungen eng aufrollen.

4 Zuletzt den Aufhängefaden anbringen.

Weihnachtsmann

→ Kling, Glöckchen ...

MOTIVHÖHE
ca. 21 cm

MATERIAL
- Pappelsperrholz, 6 mm stark, 22 cm x 26 cm
- Pappelsperrholz, 4 mm stark, 14 cm x 20 cm
- Bohrer, ø 1,5 mm (Löcher für Innenschnitte) und 1 mm (Loch für Aufhängefaden)
- Nylonfaden zum Aufhängen

VORLAGENBOGEN 4B

1 Die Motivteile wie in der Grundanleitung auf Seite 2/3 beschrieben auf Sperrholz übertragen und in die auszusägenden Flächen – sie sind mit Kreuzen markiert – Löcher bohren.

2 Nun die Innenflächen von der Mitte nach außen heraussägen. Erst danach den Umriss sägen.

3 Alle Kanten mit Schleifpapier vorsichtig nacharbeiten. An sehr schmalen Stellen das Schleifpapier flach zusammenfalten, bei kleinen Rundungen eng aufrollen.

4 Dann die Schleife auf die Glocke kleben und nach dem Trocknen des Leimes den Aufhängefaden anbringen.

Schaukelpferd und Co.

→ niedliche Weihnachtsbaumhänger

MOTIVHÖHE
ca. 8 cm bis 11 cm

MATERIAL
- Pappelsperrholzreste, 4 mm stark
- Bohrer, ø 1,5 mm (Löcher für Innenschnitte und Augen) und 1 mm (Löcher für Aufhängefäden)
- Nylonfaden zum Aufhängen

VORLAGEN-BOGEN 2B

1 Die Motive wie in der Grundanleitung auf Seite 2/3 beschrieben auf Sperrholz übertragen und in die auszusägenden Flächen – sie sind mit Kreuzen markiert – Löcher bohren. Auch das Loch für den Aufhängefaden und ggf. die Löcher für die Augen bohren.

2 Nun die Innenflächen von der Mitte nach außen heraussägen. Erst danach den Umriss sägen.

3 Alle Kanten mit Schleifpapier vorsichtig nacharbeiten. An sehr schmalen Stellen das Schleifpapier flach zusammenfalten, bei kleinen Rundungen eng aufrollen.

4 Zuletzt den Aufhängefaden anbringen.

Sternenhänger

→ mit weihnachtlichem Innenleben

MOTIVHÖHE
ca. 9 cm

MATERIAL
- Pappelsperrholzreste, 4 mm stark
- Bohrer, ø 1,5 mm (Löcher für Innenschnitte und Augen) und 1 mm (Löcher für Aufhängung)
- Nylonfaden zum Aufhängen

VORLAGENBOGEN 2B

Abbildung auch auf Seite 1.

1 Das Motiv wie in der Grundanleitung auf Seite 2/3 beschrieben auf Sperrholz übertragen und in die auszusägenden Flächen – sie sind mit Kreuzen markiert – Löcher bohren.

2 Nun die Innenflächen von der Mitte nach außen heraussägen. Erst danach den Umriss sägen.

3 Alle Kanten mit Schleifpapier vorsichtig nacharbeiten. An sehr schmalen Stellen das Schleifpapier flach zusammenfalten, bei kleinen Rundungen eng aufrollen.

4 Zuletzt den Aufhängefaden anbringen.

DIESES BUCH ENTHÄLT 4 VORLAGENBOGEN

IMPRESSUM

FOTOS: frechverlag GmbH, 70499 Stuttgart; Fotostudio Ullrich & Co., Renningen
DRUCK: frechdruck GmbH, 70499 Stuttgart

Auflage:	5.	4.	3.	2.	1.	
Jahr:	2009	2008	2007	2006	2005	[Letzte Zahlen maßgebend]

ISBN 3-7724-3417-7
Best.-Nr. 3417